SUR L'ORGANISATION DU TRAVAIL

EN CE QUI CONCERNE

LES GENS A GAGES

« Il y a des blessures dont toute la société se trouve
« atteinte, des plaies que tout le monde sent, et aux-
« quelles personne ne touche... »

PHILARÈTE CHASLES.

PARIS

IMPRIMERIE CLAYE ET TAILLEFER
RUE SAINT-BENOÎT, 7

1848

SOMMAIRE.

SUR L'ORGANISATION DU TRAVAIL

EN CE QUI CONCERNE

LES GENS A GAGES.

L'ORGANISATION DU TRAVAIL est la question la plus importante, la plus complexe et peut-être la plus difficile de celles dont se préoccupe l'ASSEMBLÉE NATIONALE. Aussi sa solution est-elle attendue avec une inquiète et vive impatience.

La réglementation des droits et des devoirs de tous les travailleurs pourra, je pense, seule conduire à cette solution, en déterminant l'exercice de ces droits et l'étendue de ces devoirs dans des conditions d'équilibre telles que la situation morale et matérielle de chacun soit la meilleure possible.

La situation des *gens à gages* n'a jusqu'à présent été l'objet spécial d'aucune sollicitude, c'est de cette portion si intéressante et si oubliée de la société que je veux m'occuper.

Lorsqu'en 1837, je fus conduit par diverses circonstances à créer l'*Agence générale de Placement des Employés et Domestiques, fondée sous les auspices de l'autorité municipale*, je pris l'engagement de ne rien négliger pour rendre cet établissement aussi utile que possible. — Depuis, dans l'étude pratique, dans les essais d'amélioration que j'ai pu faire, je n'ai pas un instant perdu de vue le but que je m'étais proposé ; mais j'ai fini par reconnaître que, pour atteindre ce but, il ne suffisait pas, dans l'état actuel de la domesticité, qu'un établissement de ce genre fût créé et administré dans de bonnes intentions, qu'il fût honoré du suffrage d'hommes et d'administrateurs éclairés, qu'il fût même secondé par le concours le plus bienveillant du public ; j'ai reconnu, dis-je, que pour produire tout le bien qu'on en pouvait attendre, il faudrait pouvoir s'appuyer sur des mesures d'ordre et de surveillance que l'autorité avait seule le droit d'ordonner, sur des institutions philanthropiques et vraiment fraternelles qu'elle seule pouvait créer avec succès.

Plusieurs publicistes se sont occupés de ce grave sujet ; mais généralement ils n'ont fait que signaler les désordres qui existent, sans indiquer les remèdes complets et efficaces qu'on pourrait y apporter.

Nos lois ont réduit le *service domestique* à l'état d'un *contrat de location* d'un laps de temps plus ou moins considérable, moyennant un salaire, et nos mœurs sont loin de resserrer les liens, déjà si faibles, qui unissent le maître au salarié.

Il est juste de dire cependant que dans quelques-unes de nos provinces, et généralement dans les campagnes, il se forme, de la part des maîtres à l'égard des domestiques, une sorte d'adoption qui assure et adoucit à la fin la position de ceux-ci, en même temps qu'elle ajoute à la sécurité des premiers.

Dans les grandes villes, il en est tout autrement; tout concourt à rendre les maîtres et les domestiques étrangers les uns aux autres; en général, les domestiques ne sont regardés que comme des salariés dont on paie le travail, et ils semblent n'exercer qu'une profession ou plutôt qu'une industrie passagère qu'ils veulent, à tout prix, rendre aussi lucrative et aussi courte que possible, parce que l'idée de *servage* qu'elle suppose n'est point adoucie par l'affection, qui seule peut retenir et attacher.

De là, l'absence complète de dévouement, puis les infidélités dans les comptes du ménage, qu'on regarde comme un supplément aux gages, les habitudes plus ou moins corrompues, les liaisons coupables, et enfin le vol domestique avec des circonstances souvent effroyables.

Voilà ce qui se passe dans toutes les villes dont la nombreuse population isole plus ou moins les habitants.

Il existe à Paris plus de cent vingt mille domestiques des deux sexes (1); la plus grande partie vient de la Lorraine, de l'Alsace, de la Bourgogne, du département du Nord, de l'Auvergne, beaucoup de la Savoie, de la Suisse, peu de la Bretagne et de la Normandie, moins encore du midi de la France.

Les domestiques mâles sont, pour la plupart, des jeunes gens de familles pauvres que la dureté des travaux agricoles a rebutés, que la modicité des gages, comparés à ceux donnés dans la ville, a fait abandonner la campagne; ou des hommes qui, poussés hors du pays natal par des désordres ou de mauvaises affaires, sont venus se perdre dans l'immensité de la capitale; beaucoup, amenés par les maîtres qu'ils servaient en province, sont restés à Paris parce que ce séjour leur offrait des attraits de plus d'un genre; d'autres enfin y étaient venus pour exercer un état qu'ils n'ont pu continuer, et ont cherché

---

(1) Le dernier recensement de la population de Paris, fait en 1846, donne, pour les gens à gages, les chiffres que voici, qui, selon moi, sont au-dessous du chiffre vrai :

Domestiques femmes en place.			47,834	
»	»	sans place, logées en garni.	4,212	
»	»	sans place, logées chez elles ou		52,046
		chez des amies.	Mémoire.	
»	Femmes de ménage logées chez elles.		»	
Domestiques hommes en place.			19,720	
»	»	sans place, logés en garni.	3,450	
»	»	sans place, logés chez eux ou chez		23,170
		des amis.	Mémoire.	

Le nombre des maisons habitées était alors de 29,525 faisant, en appartemens et chambres en locations, un total de 356,856. Les trois quarts de ces maisons, soit 22,144 ont des concierges ou portiers, et donnent, en comptant mari et femme, le chiffre de. 44,288

Ainsi donc (non compris les domestiques sans place, logés chez eux ou chez des amis) le nombre reconnu est.. .... 119,504.

dans la domesticité un asile contre la misère; quelques-uns sont des militaires libérés du service.

Des domestiques femmes, celles qui servent à Paris peuvent être classées ainsi :

Les filles qui appartiennent à des parents hors d'état de fournir aux besoins de tous leurs enfants ;

Celles nées de père et mère inconnus ;

Les orphelines abandonnées à elles-mêmes ou livrées aux mauvais traitements d'une belle-mère ;

Les ouvrières sans ouvrage, ou que le goût du luxe éloigne d'un travail honnête mais trop souvent insuffisant ;

Les filles qui veulent cacher le fruit d'une faiblesse ou du libertinage ;

Enfin les femmes d'un âge plus avancé, que des malheurs ou des fautes plus ou moins graves forcent à s'exiler de leur pays natal.

Tels sont, à peu d'exceptions près, les éléments qui composent la classe des gens à gages, hommes et femmes, de la capitale.

Cette multitude d'individus qui, chaque année, viennent remplir à Paris les emplois domestiques, avec des antécédents et des intentions si divers, sont, à l'arrivée, presque tous sans recommandation, et n'ont d'autres papiers qui puissent les faire connaître qu'un certificat de bonnes vie et mœurs, conçu en termes fort vagues, délivré par le maire de la commune.

Il est donc certain, incontestable, qu'une des causes les plus graves de la propagation des désordres inhérents à cette classe vient de l'impossibilité, où l'on est, de savoir ce qu'un individu a fait et où il a résidé, surtout quand il a intérêt à le cacher.

LE LIVRET.

Si le décret impérial du 3 octobre 1810 ne fût pas tombé immédiatement en désuétude, par des raisons que l'opinion politique du temps explique mais ne justifie pas, on aurait aujourd'hui, par les livrets dont aux termes de ce décret chaque domestique devait être pourvu, le tableau successif de la vie de chacun d'eux, et l'on pourrait ainsi apprécier leur conduite selon l'emploi de leur temps que les livrets viendraient faire connaître.

Le livret est un des rares éléments d'organisation qui convienne au salarié comme au maître : c'est l'un des meilleurs et des plus éprouvés qu'offre l'industrie moderne ; c'est un lien entre le patron et l'ouvrier ; s'il donne au patron la certitude que l'engagement contracté par l'ouvrier sera rempli, il lui permet aussi de venir sans crainte et sans réserve à son secours ; et si le livret crée un titre contre la mauvaise volonté de l'ouvrier, il le rassure contre la mauvaise foi du patron.

La loi de l'an XI sur le livret, et les arrêtés du gouvernement consulaire qui fixèrent aussitôt la mise en œuvre de la loi, contiennent une série de précautions qui furent conçues dans la pensée d'empêcher le maître d'abuser du livret, et qui ont rempli leur but. Depuis bientôt cinquante ans que le livret subsiste, il a soulevé bien peu de réclamations fondées. — Ainsi, le maître est autorisé à inscrire sur le livret des attestations avantageuses à l'ouvrier, mais il lui est défendu d'y placer la moindre note défavorable. Il n'a même pas la faculté d'y consigner les motifs pour lesquels l'ouvrier quitte ses ateliers, à moins qu'ils ne soient à l'éloge de celui-ci.

Entré chez moi tel jour, aux gages de....; sorti de chez moi tel jour, libre de tout engagment; puis la date, sa signature et son adresse; voilà tout ce que le maître a le pouvoir d'écrire sur le livret à lui présenté; *interdiction expresse lui est faite de consigner aucune plainte, aucune note quelconque, ou de mentionner un renvoi.*

Dans aucun cas le maître ne peut retirer son livret à l'ouvrier, excepté s'il y a crime ou délit, et alors le livret doit être déposé chez le commissaire de police avec la plainte. Si le maître se permettait une simple observation qui pût être nuisible à l'ouvrier, il se rendrait coupable de diffamation, et serait passible de dommages-intérêts, comme cela est arrivé.

Le livret est donc une institution excellente, morale, propice à tous. Il devrait être considéré comme *la patente de l'ouvrier*, comme *l'état de service du domestique*, à qui, en outre, il servirait de passe-port.

Les considérations les plus graves doivent déterminer le gouvernement à imposer aux domestiques l'obligation d'en être tous porteurs, et ceux-ci à accepter avec empressement et avec plaisir cette obligation.

Le défaut d'inscription des domestiques sur des registres spéciaux empêche que leur état soit régulièrement constaté, de sorte qu'ils vivent au sein des grandes villes dans un état ignoré et d'indépendance aussi contraire à leurs véritables intérêts que nuisible au bon ordre et inquiétant pour les familles dans lesquelles ils sont placés.

Cette position exceptionnelle de la classe des domestiques est la principale cause de leur instabilité, et, il faut le dire nettement, favorise leur inconduite. N'étant retenus par aucun lien, par aucune considération spéciale, qui les oblige à remplir leurs engagements ou leurs devoirs, ils peuvent, quand ils le veulent, quitter brusquement et même furtivement une maison où ils se sont conduits d'une manière tout au moins répréhensible, sans que cela les empêche d'être admis dans une autre maison, à laquelle ils se présentent avec des certificats de *maîtres absents de Paris*, d'*étrangers qui en sont partis*, ou tout simplement en disant qu'ils ont passé dans leur pays *un temps* dont ils ne veulent pas rendre compte.

Il résulte de cette position que des gens, qui ont quelquefois l'intérêt le plus grave à se soustraire à toutes les recherches, s'introduisent, d'abord à l'aide de noms d'emprunt, de faux certificats et sous cette dénomination de domestiques, dans des familles trompées par de tels papiers et souvent par des renseignements arrachés à la faiblesse, à la crainte, ou donnés par *une complaisance coupable*, alors qu'elle n'est pas intéressée; qu'ensuite, par le changement fréquent de conditions, sans que ces mutations laissent de traces, ils acquièrent les moyens de déjouer la surveillance dont ils sont l'objet. Car malgré toutes les précautions dont veulent aujourd'hui s'entourer les maîtres, quels sont les renseignements qu'ils parviennent à se procurer sur le compte d'un domestique? Et quelle foi doivent-ils ajouter à ces renseignements qui ne comprennent, presque toujours, qu'un espace de temps fort court. Sont-ils suffisants pour garantir la probité d'une personne qu'on admet dans son intérieur? Qu'a-t-on fait lorsqu'on a consenti à cette admission? On est allé chez le dernier maître qui l'a employée pendant quelques mois ou une année peut-être : on s'est informé si elle était intelligente, propre, complaisante; si elle n'avait commis aucune *infidélité*, et, sans être assuré de la véracité de ce maître ou prétendu maître, on établit cette inconnue gardienne d'une partie de sa fortune, sans crainte de tenter sa cupidité; on livre à ses soins de jeunes enfants, on lui confie de jeunes filles, et elle est bientôt par l'indiscrétion des maîtres, si ce n'est par une curiosité bien condamnable, initiée à tous les secrets de la famille.

Cette situation donne infailliblement aux maîtres des habitudes de défiance dont souffrent les bons serviteurs.

Pour rétablir les relations qui devraient exister entre eux, et arrêter les désordres que fait naître cet état de choses, il est donc nécessaire de présenter des mesures qui, satisfaisant les uns et les autres, puissent influer sur la sécurité de la famille et réhabiliter une classe à laquelle on devrait être heureux d'accorder sa confiance, son affection:

On me saura gré, je pense, d'ajouter à ce que l'on vient de lire l'article suivant publié, il y a plusieurs années, dans un journal que j'avais fondé, sous le titre de *Moniteur des Familles*. Les considérations présentées par PHILARÈTE CHASLES, savant économiste à qui j'ai dû cet article, donneront une force nouvelle à mes arguments et détruiront les doutes qui pourraient rester encore sur l'urgence et les avantages du rétablissement du livret.

DE LA SITUATION DES GENS A GAGES DANS LA SOCIÉTÉ MODERNE.

« Il y a des blessures dont toute la société se trouve atteinte, des plaies que tout le monde sent et auxquelles personne ne touche. Je ne sais quelle mauvaise honte et quelle pudeur déplacée retiennent les législateurs, les philosophes, les gens d'esprit, les administrateurs; plus la réforme est nécessaire, moins on y pense.

« Si, au xvie siècle, on eût proposé l'assainissement des rues de Paris, leur éclairage régulier, la construction des quais, le nivellement des édifices, cette vaste réforme eût épouvanté plutôt que séduit les autorités municipales. Un mal grave et général passe pour incurable. On aime mieux s'y soumettre que chercher le remède. C'est d'ailleurs presque toujours une recherche pénible, désagréable, utile aux autres, mais non à la vanité de celui qui la tente. Ces maisons sont mal alignées, elles surplombent; la fange couvre ces rues; les abords de ces temples sont dangereux; on ne peut sortir la nuit, et s'engager dans ce labyrinthe d'allées obscures, sans risquer sa vie et s'exposer à une lutte avec les brigands. Que de choses à réformer! On s'accoutume à tout, et l'on n'ose proposer un déblai trop difficile! Chacun respecte les intérêts anciens, et plie devant la coutume; les changements ne s'opèrent que fort tard, lorsque les abus et les misères sont devenus intolérables. -

« Nous ne sommes pas de cet avis. Nous croyons qu'il faut examiner, de bonne heure, dès que la société se trouve blessée, les causes de ce mal dont elle est atteinte. C'est un service qu'on lui rend, surtout quand l'examen porte sur d'humbles sujets, tellement humbles en apparence, qu'ils rasent le sol et qu'ils le couvrent. Les grands théoriciens et les auteurs de systèmes ne descendent pas jusque là. Aristote, Bacon, Montesquieu pensaient autrement. La question de *l'esclavage* et son immense importance n'avaient point échappé au grand esprit d'Aristote; il s'était aperçu que sans cette base, la société antique croulait! aussi lui consacre-t-il un vaste espace dans son *Traité de la Politique*. La même perspicacité a guidé Montesquieu en France, Savigny en Allemagne : tous deux ont vu quelle influence l'état des esclaves exerça sur Rome mourante, sur le christianisme naissant, c'est-à-dire sur le tombeau d'un monde et sur le berceau d'un autre.

« Pour nous, Français du XIX⁰ siècle, nous n'avons pas examiné cette question majeure.

« Cependant notre situation se trouve aujourd'hui fort singulière. Nous sommes en dehors de toutes les conditions de l'esclavage antique. La domesticité moderne et féodale est détruite. Nous n'avons pas comme en Angleterre, ces grandes existences, ces belles fortunes, cet éternel respect de la hiérarchie, cette habitude de l'ordre commercial, cette discipline invétérée, ce classement toujours stable, que l'aristocratie et le négoce concourent à protéger. Nous ne sommes pas non plus comme les Américains du Nord, une nation sans serviteurs, n'admettant que des collaborateurs et des frères de travail, des *Helps* comme on dit aux États-Unis, mais point de domestiques. Comment donc parvenons-nous à neutraliser le mal nécessaire qui résulte d'un état de domesticité imposé à une partie de la population? Nous n'avons rien fait pour y arriver.

« Tout le reste de l'Europe et peut-être le reste du monde est, sous ce rapport, plus logique et plus rationnel que la France. L'esprit religieux de l'Italie et de l'Espagne maintient les rapports du serviteur au maître, et du maître au serviteur, la dépendance est reconnue nécessaire. Dans ces pays, quiconque prétend s'y soustraire se fait brigand, mais ne reste pas dans la société. L'Allemagne joint à cette même habitude d'obéissance, une douceur, une bonhomie de mœurs, et une soumission naturelle, que ses vieilles institutions et ses traditions domestiques encouragent. En Angleterre, où les âmes sont plus dures, les volontés plus rebelles et les individualités plus fières, on oppose à toutes ces causes d'indiscipline la force de l'organisation sociale. Là, tout est à sa place. Le maître exige le service; le valet exige un paiement considérable et régulier. L'un et l'autre s'entendent; et il y a peu de pays, l'Allemagne exceptée, où le service intérieur s'opère avec une exactitude et un soin plus étonnants, où le bien-être des gens à gages soit plus général, où ceux qui les soldent aient moins à désirer.

« Nous ne pouvons comparer notre état à celui de tous ces peuples voisins, qui n'ont pas été déclassés, bouleversés, repétris, réduits en poussière, par une double révolution, morale d'abord, matérielle ensuite. Le sentiment de l'indépendance, si vif, si naturel et si brillant chez les Français, a dû reparaître avec plus d'énergie quand les classes populaires, longtemps courbées vers le sol, ont relevé la tête. Dans les principes de 1793, la domesticité était impossible, l'individu s'est senti l'égal de tous, et peut-être, conseillé par l'orgueil, s'est-il cru le roi de tous. Quand le règne de l'industrie a succédé à celui de la victoire, lorsque le commerce a détrôné la guerre elle-même, on a vu disparaître le dernier sentiment hiérarchique, la discipline guerrière. Le commerce et l'industrie la remplacent aujourd'hui ; un ouvrier qui fait sa journée, un marchand qui accepte votre or en échange de ses ballots, ne vous doivent rien et n'ont point de maîtres. Toutes les têtes de pavots que Tarquin abattait en riant, sont tombées ; il n'y a plus de supériorités avouées ; la fortune même n'a point à exercer de contrainte et d'empire sur celui qui veut vivre pauvre.

« Il y a dans tout ce développement un beau sentiment de la dignité humaine, une place magnifique donnée à l'humanité, à la force de chacun, à l'être isolé, à la fierté de l'âme. Mais il résulte aussi d'une telle situation, que tous les chiffres s'isolent au lieu de se grouper, et que les individualités morcelées manquent de ciment pour se réunir. Qui donc voudra servir les autres? Pourquoi s'attacherait-on à un maître? Quel intérêt peut empêcher les hommes à gages de se déplacer perpétuellement, sans lien, sans dévouement, sans aucune crainte? Autrefois tout se tenait ; on ne pouvait servir dans une maison qu'après avoir bien servi dans une autre ; le mot même *domesticité* était honorable ; les premiers seigneurs de la cour se tenaient honorés d'être *domestiques*, gens de la maison, *domus*, serviteurs de la famille. A quoi bon la fidélité maintenant? Si tous les hommes sont égaux, celui qui commande est un oppresseur, et le salaire donné par le maître n'est pas même une compensation de la tyrannie qu'il exerce. On peut la subir, mais on l'abhorre. Toutes les occasions de rapine, de vengeance, de calomnie, que l'on saisit, sont de justes représailles. Il n'y a plus de patrons, de protecteurs, de maîtres tutélaires ; il n'y a que des hommes plus riches que servent des hommes plus pauvres.

« Cela est ainsi, vous ne reconstruirez pas l'ancien ordre social ; les liens brisés ne se renoueront pas ; cherchez-en de nouveaux, et que l'absence des vieilles habitudes, de la vieille discipline et de la fidélité appelle de nouveaux devoirs et de nouvelles vertus.

« Notez que le nombre des gens à gages a dû s'accroître à mesure que la propriété se subdivisait ; et qu'au lieu de s'attacher, par un groupe à une seule famille, les serviteurs se sont répandus dans toutes les classes de la société ; se rapprochant ainsi de leurs maîtres ; presque de niveau avec eux ; plus disposés à leur nuire qu'à les aimer, et d'autant plus dangereux que l'on ne peut dans certaines situations ni écarter leur familiarité, ni se garantir de leurs attaques, ni s'assurer de leurs services, ni calmer leur mécontentement jaloux. Le valet d'un grand d'Espagne qui possède trois millions de fortune, né peut être jaloux de son maître, il attend tout de lui ; il craint tout de lui. Le domestique d'un petit rentier qui vit avec cinq mille livres de rente, sait bien que l'espace qui le sépare de son maître n'est pas très-grand, et se demande pourquoi l'un des deux est le serviteur de l'autre.

« A Paris, quel frein imposer à tous ces domestiques de petites familles ? Ils se perdent dans la masse, et composent une armée nomade, insaisissable, ennemie ; tour à tour confondue avec les ouvriers, les marchands, les commis, ou pénétrant dans les maisons en qualité de valets et de servantes. La province est garantie contre ce danger ; elle a ses vieilles mœurs, ses traditions de patronage ; on se connaît dans une même ville, et une surveillance générale s'exerce sur tous les gens à gages, si nécessaires et si dangereux. A Paris, la servante ou la femme de chambre peuvent sortir d'où elles veulent ; le valet de chambre vous apporte des renseignements souvent de complaisance et des recommandations souvent menteuses. Autour d'eux ils entendent sans cesse le bruit de la grande indépendance et de la révolte contre l'autorité. Leur éducation est nulle, et cette situation précaire, inférieure, misérable, ils ne l'acceptent que comme un pis-aller qui leur laisse tous les droits de leur haine, toute la liberté de leur vengeance. Souvent encore, les bases de la morale commerciale n'étant pas fort assurées, il leur arrive de former, avec des marchands sans probité, une ligue offensive et défensive contre les maîtres. Ce sont les mêmes fournisseurs qui donnent les déclarations en faveur des domestiques, les servent et les corrompent. Dans les grandes maisons, la dilapidation des revenus et le dénigrement des maîtres s'opèrent sur une grande échelle. Dans les petits ménages, la jeune fille se trouve la compagne d'une femme inconnue, sans principes, avide, mal élevée, sans attachement et sans frein. Le remède est donc urgent, la démoralisation permanente et mutuelle : du côté des maîtres, il y a souvent dureté, humeur, injustice, résultats nécessaires d'une position si fausse et d'un contact si malheureux ; le serviteur joint alors au douloureux sentiment d'une subordination nécessaire la rancune et le besoin de se venger.

« Pour frapper la racine du mal, il faut ramener le sentiment de l'honneur et du devoir dans les rangs inférieurs, et mêler au degré d'instruction que réclament les enfants du peuple quelque chose de plus nécessaire, l'éducation morale.

« Mais avant qu'on ait touché à ce but, l'administration doit protéger la sûreté de la famille en fermant nos portes à tout domestique non connu, non accrédité, qui n'apporte pas la preuve de sa conduite antérieure. C'est le devoir de la société de ne pas confondre les serviteurs honnêtes avec les vagabonds et les criminels, et de ne pas souffrir que nos hôtes les plus intimes, les témoins de nos actions les plus secrètes, les instruments de toutes nos volontés, soient des hommes perdus de vices ou des femmes dépravées. Aujourd'hui nous admettons sous notre toit le premier venu, sur un renseignement équivoque, arraché quelquefois par la crainte, presque toujours par la faiblesse. Un serviteur peut, au moyen de la fraude, nous donner des recommandations trompeuses. Il peut voyager à travers cent familles par année sans que personne ait un reproche à lui adresser, sans exciter aucun soupçon.

Rien ne le retient, à peine la terreur de la loi plane-t-elle sur lui ; une multitude de domestiques, gravement coupables, n'ont pas été livrés à la justice par leurs maîtres qu'une telle démarche embarrassait, et qui entrevoyaient dans un procès public une série de désagréments personnels.

« On doit donc provoquer l'attention de l'administration sur cette matière, peu relevée en apparence, et très-importante. On doit demander le rétablissement des livrets pour les domestiques. Non-seulement un serviteur sans livret doit être puni, mais un maître qui n'a pas inscrit sur le livret de son domestique la double date de son entrée et de sa sortie, doit être passible d'une amende. Ainsi nous saurons d'où vient le serviteur, son âge véritable, son pays réel, dans combien de maisons il a servi ; et les termes dans lesquels seront conçus les certificats de ses maîtres précédents nous laisseront deviner, même à travers les phrases bénévoles de la complaisance, la véritable opinion qu'il a laissée.

« C'est là, selon nous, le premier pas à faire vers le rétablissement de l'ordre. Il faut que cette classe utile mais vague, malheureuse, mécontente, hostile, reprenne son rang dans la société. Tous les bons esprits reconnaîtront l'importance de considérations administratives, peu orgueilleuses en apparence, fondamentales et vitales dans la réalité. »

ADMINISTRATION SPÉCIALE DE PLACEMENT.

Le rétablissement du livret serait un premier pas vers l'amélioration morale des gens à gagés. — Mais il est d'autres mesures qui ne seraient pas moins utiles, et qui tendraient directement au même but.

On comprend que dans les villes populeuses et particulièrement dans la capitale, l'isolement des habitants devait faire sentir la nécessité d'intermédiaires qui s'interposent entre les diverses classes pour satisfaire à leurs besoins réciproques. — Ainsi telle personne a un emploi ou une place à donner, cette place convient à une autre personne autant que celle-ci convient à la place ; mais elles ne pourront se rapprocher et s'entendre, à moins qu'elles n'aient exprimé leur désir mutuel à un tiers qui les met en rapport.

Telle est l'origine des *bureaux de placement*, dont le premier fut institué, par une ordonnance rendue en sa faveur, sous le ministère de Richelieu.

Ainsi se trouvait mise en pratique la pensée de Montaigne (1), pensée utile, généreuse au fond, mais exploitée et détournée de son premier objet par une spéculation ignorante, cupide, immorale, dangereuse.

Il est inutile d'entrer dans le détail de tous les désordres reprochés aux bureaux de placement qui pullulent dans Paris, depuis que la loi, en 1789, a

(1) Michel Montaigne, dans ses *Essais ;* Lesage, dans son admirable *Gilblas ;* Mercier, dans son *Tableau de Paris*, avaient tous senti combien il était nécessaire de venir en aide à ceux qui cherchent des places ou des emplois, ont réclamé des intermédiaires pour le placement des personnes.

consacré pour chaque citoyen le libre exercice de son industrie. Ces désordres sont énergiquement signalés dans deux ouvrages remarquables, celui de Parent Duchatelet (*sur la Prostitution dans Paris*), et celui de Mitre (*des domestiques en France*).

L'autorité demande des garanties contre les établissements insalubres, elle en exige pour les professions qui touchent à la fortune privée, et le *premier venu*, élevant un bureau de placement, qu'il fait connaître par des promesses mensongères de places et des annonces souvent immorales, peut compromettre la sécurité des familles, il peut enlever au malheureux sa dernière ressource, porter la corruption dans les classes pauvres, sans que l'autorité ait le droit de prévenir un tel scandale?.. Cet état de choses ne peut se prolonger sous notre République honnête et moralisatrice, qui devra se montrer d'autant plus sévère pour l'accomplissement des devoirs imposés à chaque citoyen, qu'elle aura davantage élargi le cercle de ses droits. A Berlin, on a institué des fonctionnaires publics exclusivement chargés du placement des domestiques sous la surveillance de l'autorité. A Vienne, à Hambourg, en Suisse, les gouvernements protégent les établissements qui font le placement, et ils accordent eux-mêmes des récompenses publiques aux bons domestiques : à Londres ils reçoivent le prix de leur bonne conduite d'institutions philanthropiques, qui assurent des pensions aux infirmes et aux gens âgés qui ne peuvent plus faire de service.

Paris aussi accueillerait, avec reconnaissance, les dispositions qui créeraient l'institution annoncée par le décret du 10 mars dernier, et réunissant les conditions suivantes :

1° Offrir des garanties telles que, d'un côté, les sujets à placer y viennent avec la certitude d'une protection efficace, et que, de l'autre, les maîtres y prennent leurs salariés avec une entière sécurité ;

2° Que ses moyens d'action embrassent toute la capitale ;

3° Que la rétribution qu'elle demande, pour prix de ses soins, soit assez modique pour être à portée des ressources les plus minimes, et qu'elle soit fixée d'une manière invariable, pour qu'il n'y ait possibilité d'aucun abus ;

4° Qu'après le prélèvement des frais d'administration, l'excédant des recettes soit appliqué au profit de la classe des gens à gages.

Les circonstances rendent cette organisation de plus en plus urgente, et les conditions que je viens d'indiquer peuvent se rencontrer dans une combinaison simple, d'une exécution facile pour l'autorité, satisfaisant à tous les besoins réciproques, et présentant tous les gages indispensables de moralité, de sécurité et d'économie.

Le gouvernement créerait, au centre de Paris, une administration spéciale destinée au placement des gens à gages.

Un bureau dépendant de cette administration centrale et placé dans chacune des mairies de Paris et de quelques-unes de la banlieue, recueillerait les demandes et les offres qui leur seraient faites.

Toute personne à gages devrait se présenter dans le bureau de la mairie de son arrondissement chaque fois qu'elle sortirait de place, et y donner son adresse, en soumettant son livret à un visa : elle serait obligée à la même formalité chaque fois qu'elle rentrerait en place, alors même qu'elle se serait procurée cette place sans le concours de l'administration.

A chaque visa apposé sur le livret il serait payé 1 fr. par le porteur, pour TOUT DROIT d'inscription et de placement (1).

Tout maître qui prendrait un ou une domestique paierait, au bureau de l'arrondissement auquel il se serait adressé, 1 fr. pour le droit d'inscription ; il paierait le même droit chaque fois qu'il en changerait (2).

Une amende sévère serait imposée à tout maître contrevenant à cette disposition.

Un règlement déterminerait le fonctionnement et les attributions de chacun des bureaux d'arrondissement, ainsi que leurs rapports avec l'administration centrale.

MAISON DE REFUGE POUR LES FEMMES.

On sait de quels éléments, en général, est composée la classe des gens à gages. On comprend dès lors à quels entraînements sont exposées les femmes arrivant à Paris, comme celles sans place, lorsqu'elles n'ont pas de parents ou d'amis établis, chez qui elles peuvent être reçues, en attendant d'entrer en maison. — Elles sont alors forcées de se loger *en garni*, ou de se retirer chez une camarade en place, qui par humanité ou à charge de réciprocité, partage sa chambre, presque toujours à l'insu de ses maîtres.

D'un côté, danger des mauvaises connaissances presque inévitable dans les garnis ; de l'autre, danger de succomber à une faiblesse toujours condamnable, celle de *partager* sa nourriture avec sa compagne, au préjudice de ses maîtres, et par suite de perdre sa place et *ses renseignements.*

Si ces intervalles d'un service à l'autre n'étaient que de quelques jours, on pourrait contester l'utilité de la maison de refuge que je propose de créer, mais chacun sait qu'il arrive aux meilleurs domestiques de rester souvent plusieurs semaines sans place, et alors je puis ici encore renvoyer aux ouvrages déjà cités de Parent-Duchâtelet et de Mitre. Ces écrivains sont entrés dans des détails très-circonstanciés sur l'emploi du temps des gens à gages

(1) Les domestiques dépensent chaque jour, pour arriver à se placer, des sommes considérables : ils paient aux *Petites Affiches*, au *Galignani's* et aux autres journaux, pour des annonces presque improductives. Ils paient aux deux cents bureaux de placement qui existent dans Paris, de 50 centimes à 2 fr de droit d'inscription, et, en outre, pour honoraires, de 2 à 5 p. 0/0 calculés sur le montant des gages de l'année. Les neuf dixièmes de ces sommes, si inutilement dépensées, pèsent en grande partie sur la portion la plus malheureuse, celle qui travaille le plus et gagne le moins.

Les droits que j'indique, également répartis, suffiraient largement aux frais de l'administration, et l'excédant profiterait aux contribuables.

(2) Ce droit fixe serait juste, puisqu'il serait le prix d'*un service rendu;* il remplacerait le *denier à Dieu* qu'il est d'usage de donner en engageant une domestique.

pendant ces interruptions de service, causes incontestables, disent-ils (et l'expérience m'a démontré combien ils avaient raison), de la démoralisation et de l'inconduite de la plupart des domestiques femmes.

La fondation de maisons spéciales pour les recevoir, lorsqu'elles arrivent à Paris, ou qu'elles sont sans place, serait un remède efficace à ces maux, et un excellent moyen d'amélioration morale.

Les conditions d'admission et de séjour, et la première serait d'être porteur d'un livret en règle, devraient être telles que ce fût un titre de recommandation auprès des maîtres que d'y avoir été admise, et alors les domestiques préféreraient bien vite cette habitation, même à celle offerte par leurs parents ou par leurs amis.

Le prix du loyer, son paiement, seraient fixés de manière que personne n'en fût éloigné par une impossibilité momentanée d'y satisfaire.

Chaque personne, libre d'aller et venir et de se nourrir à sa guise, en se conformant aux règles de la maison, y trouverait, si elle le préférait, la vie en commun offerte à celles dont les ressources seraient épuisées. — Cette dépense, ainsi que celle du loyer, serait acquittée par des retenues mensuelles sur les gages, quand elles seraient entrées en place, si l'emploi de leur temps, réglé de telle sorte que tout ou partie de la dépense pourrait être gagnée par un travail procuré par la maison et approprié au savoir de chacune, ne leur fournissait pas les moyens de se libérer. L'administration de placement serait chargée de ce recouvrement.

Des personnes préposées pour maintenir l'ordre, surveiller la propreté de la maison, distribuer le travail, seraient aussi chargées d'apprendre (si peu les savent bien) les différents services, de montrer les ouvrages d'aiguille, de donner des leçons d'écriture et de calcul, de faire des lectures de livres spéciaux contenant quelques préceptes d'hygiène, quelques proverbes, beaucoup d'exemples, de faits, d'anecdotes contemporaines, de détails économiques, d'inventions utiles, de découvertes applicables ; en évitant les récits de meurtre, de vice, de corruption et de dégradation que répand trop la presse ; suivant ainsi la manière de Franklin, cet homme si ingénieusement naïf, qui excellait à rendre la morale populaire et qui, avec un almanach, a plus fait pour la civilisation de son pays, que vingt philosophes avec leurs dissertations et leurs discours.

On devrait trouver dans la maison une buanderie et tout ce qui est nécessaire pour blanchir et repasser le linge ; des bains ; une infirmerie à laquelle seraient attachés des médecins, comme aux hospices de Paris, et dans laquelle les malades seraient soignées gratuitement.

Inutile, je pense, d'entrer dans tous les développements que comporte la création d'un tel établissement ; comme aussi d'énumérer tous les services qu'il rendrait ; il n'est personne qui ne les comprenne.

ASSOCIATION DES GENS A GAGES.

Le complément des institutions que je réclame, non pas seulement dans l'intérêt des domestiques, mais dans celui de la société tout entière, c'est l'association des gens à gages. Dans aucune classe l'association ne serait plus utile aux sociétaires; pour aucune elle n'est possible avec des conditions plus faciles à remplir, plus morales, plus fécondes en excellents résultats.

Le meilleur, le plus sûr moyen de moraliser les hommes, c'est de leur assurer des secours pour les circonstances malheureuses de la vie, des soins quand ils sont souffrants, des moyens d'existence pour cet âge où presque toujours isolés, souvent sans ressources et sans forces, ils sont condamnés aux cruelles privations qu'imposent la misère, la vieillesse, l'abandon, et que n'ont pas à souffrir les malfaiteurs, qui sont à la charge de l'État.

L'association pour les gens à gages devant ainsi pourvoir, après l'accomplissement des devoirs et des obligations imposés aux sociétaires, aux besoins de chacun d'eux; plus de cause à ce désir de changer de place, justifié par l'espoir d'une augmentation de gages; plus d'*excuse* (expression adoucie pour la *conscience* du domestique) pour cet accroissement des gages trouvé dans les bénéfices illicites qu'on appelle communément *l'anse du panier*, et qu'Alphonse Karr appela, lui, *mettre à la Caisse d'épargne*. En effet on avait pensé que l'institution de ces Caisses donnerait aux domestiques des habitudes d'ordre et d'économie qui devaient réagir sur leur conduite. Cet espoir ne s'est qu'en partie réalisé, et le désir de se créer des ressources pour la vieillesse, séparé d'idées morales, a pu au contraire accroître l'amour du changement par la perspective d'un salaire plus élevé; et les infidélités dans les comptes du ménage ne pourraient-elles pas être aussi une conséquence de cette préoccupation de l'avenir? Des maîtres croient mettre un frein à cette mobilité par une augmentation progressive de gages; mais la plupart des domestiques ne voient là qu'une éventualité, que bien des circonstances peuvent rendre illusoire, et dans leur esprit de défiance, ils croient que cette promesse sera facilement éludée. Combien de maîtres d'ailleurs ne pourraient point adopter ce mode, qui ne serait pas en harmonie avec leur fortune.

L'ASSOCIATION, voilà l'institution qui, dirigée par des mains pures, aurait des résultats positifs sur la moralité des gens à gages, en faveur desquels rien n'a été fait encore. — Ils trouveraient dans les bienfaits de l'association non-seulement les secours dus, dans les temps de malheurs ou de maladie, à de bons antécédents, mais les récompenses méritées par des services honorables, par des actes de courage et de dévouement; et les noms les plus dignes proclamés, ainsi que cela est fait pour les prix Monthyon, inviteraient les autres à les imiter. — Ils trouveraient enfin, dans l'association, des épargnes réelles pour former un fonds considérable que viendraient augmenter des souscriptions, donations, legs et autres dispositions de bienfaisance. Ce fonds, composé au moyen de cotisations mensuelles, payées par les maîtres et par les domestiques, et qui ne s'élèveraient pas au-dessus de 3 à 4 p. 0/0 du montant des gages, suffirait pour assurer des pensions ou une retraite, dans une maison spéciale, pour ceux qui préféreraient la vie en commun, aux domestiques qui y auraient droit par la durée de leurs services, l'exactitude et la fidélité dans l'accomplissement de leurs devoirs (1).

Un conseil supérieur veillerait à l'observation des statuts qui réglementeraient l'association ; à la vérification des comptes de recettes et de dépenses ; à l'attribution des récompenses, et des pensions de retraite.

Ce conseil me semblerait devoir être composé : de membres, pris dans le clergé et dans le conseil municipal, — parmi les donateurs à l'association, — et de gens à gages choisis entre ceux ayant obtenu des récompenses.

Il ne me reste plus qu'à exprimer un vœu, c'est que l'Assemblée nationale, en s'occupant de l'organisation du travail, puisse régulariser la position des *travailleurs* voués au service des familles, et résoudre le problème présenté par la liberté de l'individu en lutte contre le principe et l'habitude de la domesticité. Quant à moi, qui ne suis ni législateur ni économiste, mais seulement homme pratique, en apportant ma pierre à l'édifice, je me suis dit : Si la domesticité est inévitable, il faut l'accepter ; si elle entraîne des abus, il faut les corriger ; si le sentiment de l'indépendance détache le serviteur du maître et aggrave ces abus, il faut chercher le contre-poids qui peut les paralyser ; et je n'ai trouvé ce contre-poids que dans les institutions d'ordre et de bienfaisance dont j'ai cru la création utile, et à laquelle je serai heureux de consacrer tous mes soins. Les questions se pressent ici ; leur intérêt est vital, elles touchent à tous les moments de notre existence ; le mal est là, dans notre foyer. Ces questions réclament la sagacité, la saine raison du législateur et de l'administrateur, car il s'agit d'institutions qui doivent protéger des citoyens aussi bien que la sécurité des familles.

Philippe JUGE,
2, rue Vivienne.

(1) Des calculs faits, par un homme expert et avec toute la précision possible, en semblable matière, tenant compte de la mortalité, des changements d'état, des forclusions, ont établi que, dans une association de 20,000 domestiques, tout sociétaire ayant été en maison environ vingt-cinq ans, ayant exactement payé seulement 10 fr. par an, ce qui serait la moyenne, recevrait, à l'âge de cinquante ans, une rente viagère de 350 à 400 fr. *Ces calculs* présenteraient des résultats bien autres, si l'association, ce qui devrait être, réunissait tous les domestiques servant à Paris.